Victor Léon, Alfred Zamara

Der Doppelgänger

romantisch komische Operette in 3 Akten

Victor Léon, Alfred Zamara

Der Doppelgänger
romantisch komische Operette in 3 Akten

ISBN/EAN: 9783744672399

Hergestellt in Europa, USA, Kanada, Australien, Japan

Cover: Foto ©Thomas Meinert / pixelio.de

Weitere Bücher finden Sie auf **www.hansebooks.com**

DER DOPPELGÄNGER.

Romantisch komische Operette in 3 Akten
von
VICTOR LÉON.

MUSIK VON
ALFRED ZAMARA JUN.

Clavierauszug mit Text   Clavierauszug ohne Text
Pr. M. 12.— netto.   Pr. M. 4. 50. netto.

London Ent Stat Hall

Eigenthum des Verlegers. Mit Vorbehalt aller Arrangements.

Verlag von Aug. Cranz in Hamburg

Wien C.A.Sp.na Alwin Cranz) Brussel A Cranz
Leipzig

Inhalt:

Vorspiel.

A. Zamara jun.

N⁰1. Introduction.

ERIKSEN.

man sieht das Schiff es streift ent lang,_   man sieht das Schiff es streift ent lang,_

man sieht das Schiff es streift entlang   man sieht das Schiff es streift entlang

man sieht das Schiff es streift entlang,   man sieht das Schiff es streift entlang

Poco meno.

pflan zet auf   des Willkomms Zeichen bald wird das Schiff   den Fjord er rei chen

a tempo.

Der Kö nig kehret heut zurück, der lang uns

C. 27196.

A Krone, das Zeichen seiner Macht, das Schwert es wird zum Willkomm, von mir dargebracht!

PORSE. *rall.* *a tempo.*

A Ich reiche ihm die Schlüssel zu Röskild, seiner Stadt, wo manches Königs

P Schätze durch manche be-wachet hat!

EDELKNABEN.

Den König zu be-grüssen, sind wir hierher ge-eilt, den Willkomm' zu ver-süssen, ihm, der langferne ge-weilt, den König zu be-grüssen, sind wir hierher ge-eilt, den Willkomm' zu ver-süssen, ihm.

C. 27196.

der lang fern'ge weilt, den Willkomm'zu ver süssen, ihm, der fern' ge weilt!

ERIKSEN. Tempo I.

Das Schiff ist Sicht, hoi ho hoi ho!

Hoi ho! Hoi ho!

Hoi ho! Hoi ho!

Hoi ho! Hoi ho!

(Toben hinter der Scene.)

(Chor hinter der Scene.) Nun seid be reit!

Hoi ho! Hoi ho!

Hoi ho! Hoi ho!

Hoi ho! Hoi ho!

(CHOR auf der Scene.)   (CHOR hinter der Scene.)
Hoi-ho! Hoi-ho! Hoi-ho! Hoi-ho!

Es na- het der Kö- nig, er, un- ser Schirm und Hort.

zu jeder Zeit!

Maestoso.
ALLE SOLI mit CHOR.
Kö-nig Christi-an, er

No 2. Entrée. Ariette.

Nº 3. Entrée Lied-Ballade.Chor.

poco accel. Tempo II.

rück. die Ruh' zu - rück! O sa - ge, mein Lieb - ster wo

weißt Du, wo weilst Du so lang! Hoch klopft mir das Herz und der Seele, der Seele wird

bang! Mein Lieb - ster, mein Lieb - ster, o, len - ke dein Boot zum

si - chern Ha - fen zu - rück; dich schirmen die Engel, es

schü - tze Dich Gott, Du Al - les, Du Le - ben, Du Glück! Ah Du

Langsames Walzertempo, doch mit Leidenschaft.

dräng!   Doch halt' ich Dich um-fan - gen, ken-ne ich

kein Ver - lan - gen,   als bei Dir zu wei - len,   mit Dir jed' Glück zu

thei - len!   Ja, halt ich Dich um-fan - gen   schweigt jedes and're Ver-lan -

gen,   wenn mein Au - ge Dich er-blickt, wie fühl' ich mich be - glückt!

Un poco mosso.
DAGMAR.

Süs - ser Wor - te hol - der Laut, im Gei - ste sah ich mich als Braut, um die Du

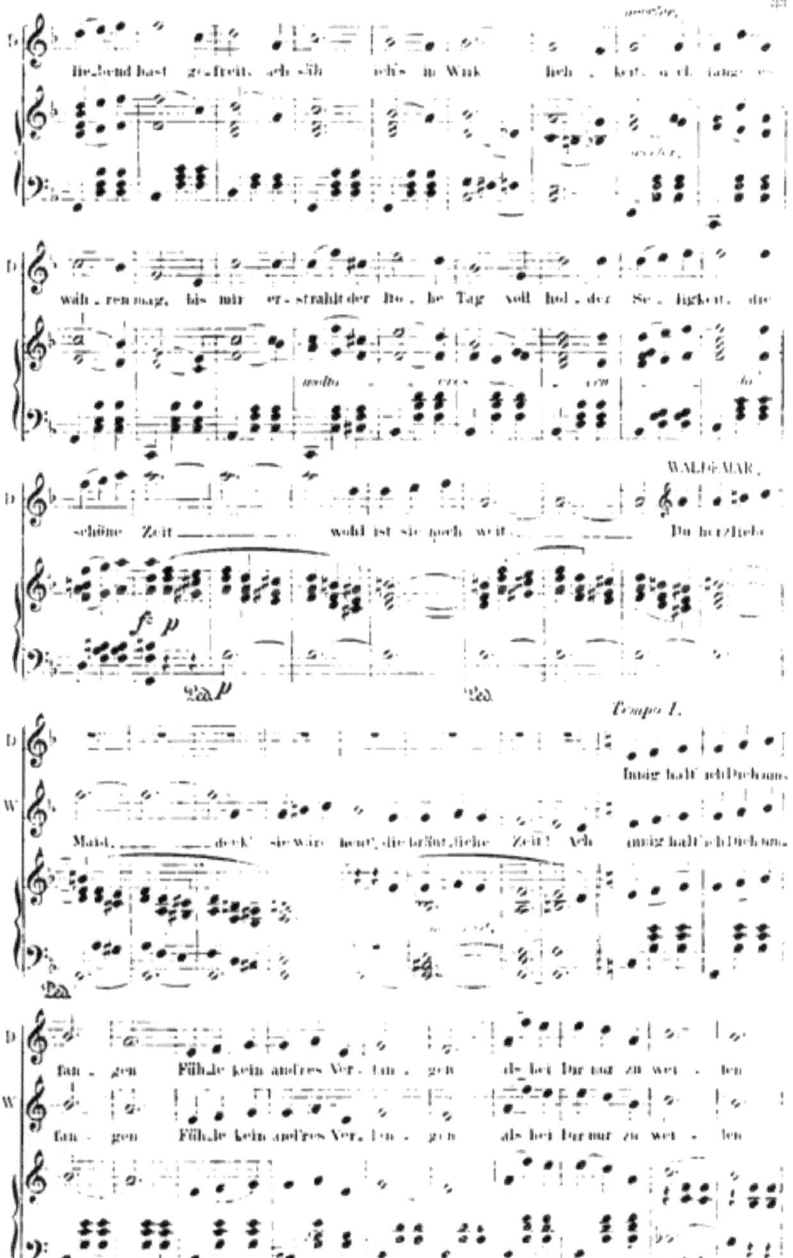
liebend hast ge-freit, ach säh ich's in Wirk-lich-keit, ach lange es
wäh-ren mag, bis mir er-strahlt der ho-he Tag voll hol-der Se-ligkeit, die
schöne Zeit wohl ist sie noch weit.
WALDEMAR.
Du herzliebe
Maid, deck' sie wär' heut', die liebe Zeit! Ach
Tempo I.
Innig halt' ich Dich um-
fan-gen Fühle kein and'res Ver-lan-gen als bei Dir nur zu wei-len
molto cres-cen-do
fp
p

mit Dir jed' Glück zu thei - len! Hal - te mich stets um - fan - gen! An Deinem

mit Dir jed' Glück zu thei - len! Hal - te mich stets um - fan - gen! An Deinem

Hals zu han - gen. Won - ne ist's, wenn ich Dich seh', Won - ne ist's,

Hals zu han - gen. Won - ne ist's, wenn ich Dich seh', Won - ne ist's,

wenn ich Dich seh', ei - lig ent - flieht _____ je - des Weh. _____ je

wenn ich Dich seh', ei - lig ent - flieht _____ je - des Weh. _____ je

des Weh!

des Weh!

Nº 4 .Marsch .Quintett.

W

Kön'-gin wirst Du ge-nannt, und ich bin der Kö-nig nun all-hier im

Land! _____ Die Kron' am Haupt, wer hätt's ge-glaubt, wer hätt's ge-dacht so

ü-ber Nacht ja, un-ver-hofft kommt oft! Die Kron' am Haupt wer hätt's ge-

glaubt wer hätt's gedacht so ü-ber Nacht ja, un-ver-hofft kommt oft!

JONSEN (ironisch.)

Da Du Kö-nig bist ge-wor-den, beug'mein Knie ich, weih' mein

Moderato.

W: Nun zu Dir, du Heiss ge - lieb - te, trau - rig senkst Dein Köpf - chen

DAGMAR.

W: Du! Freust Dich nicht spielt die Be - trüb - te? Sprich was stö - ret Deine Ruh'? Mir

Allegro.
(mysteriös.)

D: ist's als wär', die stol - ze Kron', die

D: man all hier. Dir bringt

Poco Allegretto.

D: Meer - fräu - leins lo - ckend süsser Ton, der ach so zaubrisch klingt! Sie

DAGMAR.

WALD.

ALBERT.

PÖRSE.

JONSEN.

Die Brust er - füllt's mit Sturm und Drang, da - bei wird doch

Die Brust er - füllt's mit Sturm und Drang, da - bei wird doch

Die Brust er - füllt's mit Sturm und Drang, da - bei wird doch

Die Brust er - füllt's mit Sturm und Drang, da - bei wird doch

Die Brust er - füllt's mit Sturm und Drang, da - bei wird doch

D. dem Her.zen bang; ein Kö - nig soll er nun sein,'s ist

W. dem Her.zen bang; ein Kö - nig soll ich nun sein, ach

A.
P. dem Her.zen bang; ein Kö - nig soll er nun sein,'s ist

J. dem Her.zen bang; ein Kö - nig soll er nun sein,'s ist

D. die Wirk.lich - keit, es ist für.wahr kein Schein! Und

W. ist's Wirk.lich - keit, o sprecht, ist es nur Schein? Und

A.
P. die Wirk.lich - keit, es ist für.wahr kein Schein! Und

J. die Wirk.lich - keit, es ist für.wahr kein Schein! Und

№ 5. Entrée . Lied .

Im gan - zen grossen Böhmen - reich, da ist mir Kei - ner gleich ! Meiner Treu ! Das ist nicht neu ! So rit - terlich und a - de - lig, so schön und so un - ta - de - lig ! Meiner Treu, das ist nicht neu ! Meiner Treu !

Darum bin ich auch im Land als ein Mu - ster ruhm - be - kannt !

Nº 6. Couplet.

Mei _ ne Her _ ren, werd' ich sa _ gen, sit _ ze ich im Lan _ des _

rath, ed _ le Rit _ ter, vie _ le Fra _ gen for _ dern auf zu Rath und

That! Will als Staatsmann ven _ ti _ li _ ren al _ le Fra _ gen klein und

DAGMAR.

Lass'mich zur Hüt_te ei_len, ich's fühl's, ich kann hier nicht ver_
wei_len! Wenn es enthüllt wird, o welche Pein. dass
er nur Kö_nig, zum Schein!

KVIDSEN.

Paper_la_papp! Sei klug mein Schatz; wir
Bei_de sind hier recht am Platz! Man merkt es nicht, drum fürchte nicht, heisst's
ja, sehr ähnlich sei ein Ge_sicht!

ALLE SOLI mit CHOR.

Drum strahle Hei-terkeit al-lezeit so wie heut'! Im Lande weit undbreit herrsche Freud,

Drum strahle Hei-terkeit al-lezeit so wie heut'! Im Lande weit undbreit herrsche Freud,

Drum strahle Hei-terkeit al-lezeit so wie heut'! Im Lande weit undbreit herrsche Freud,

Fröh-lichkeit! Uns ist sein Gruss entbeut, er erneut, sei-nen Eid: Im Frieden, wie im Streit

Fröh-lichkeit! Uns ist sein Gruss entbeut, er erneut, sei-nen Eid: Im Frieden, wie im Streit

Fröh-lichkeit! Uns ist sein Gruss entbeut, er erneut, sei-nen Eid: Im Frieden, wie im Streit

al-lezeit er ist uns ge-weiht!

al-lezeit er ist uns ge-weiht!

al-lezeit er ist uns ge-weiht!

58

bring-en Dir den Heerpfeil, Budd - sti - cke nennt's die Sitt'; zum Zeichen, dass ein

ALBERTSEN.

Der Man-tel und die Kro - ne, das

de - der gern für den Kö - nig stritt'!

Zei-chen Eu-rer Macht, das Schwert, es wird zum Willkomm', von mir Dir dar-ge-

PORSE. rall.   a tempo.

bracht! Ich rei-che Dir den Schlüssel zu Ros-kild, Deiner Stadt wo man des Reiches

WALDEMAR (legt die Insignien zurück.)

Schätze durch mich bewacht Dir hat! Es sei - en all' die Zeichen, Ihr

69

Kron' und Macht bleibt er wohl für der mein! Ver_trau' ich der Lie_be, die
Kron' und Macht Dein bin ich, im - mer Dein! Ver_trau' doch der Lie_be, die
Kron' und Macht sind mein in die - sem Staat! Ich trau' dem Ta_len_te, das
denn Kron' und Macht, den Kron' und Macht wird heut' noch uns gebracht! Gar schlau ist uns're Fal_le,
denn Kron' und Macht, den Kron' und Macht wird heut' noch uns gebracht! Gar schlau ist uns're Fal_le,
das Mäd - chen hört man fleh'n, selt - sam ist's,
mich durch_bebt! Sie sei's, die die Hoff_nung mir neu be_lebt! O
mich durch_bebt! Sie sei's, die die Hoff_nung Dir neu be_lebt! O
ich ent_deckt, das in mir ein rit_ter_lich Stre_ben weckt! Ich
wir täuschen sie nun Al_le und Niemand ahnt, und Niemand ahnt, was wir ge_plant!
wir täuschen sie nun Al_le und Niemand ahnt, und Niemand ahnt, was wir ge_plant!
son - der - bar man wird da - raus nicht klar,

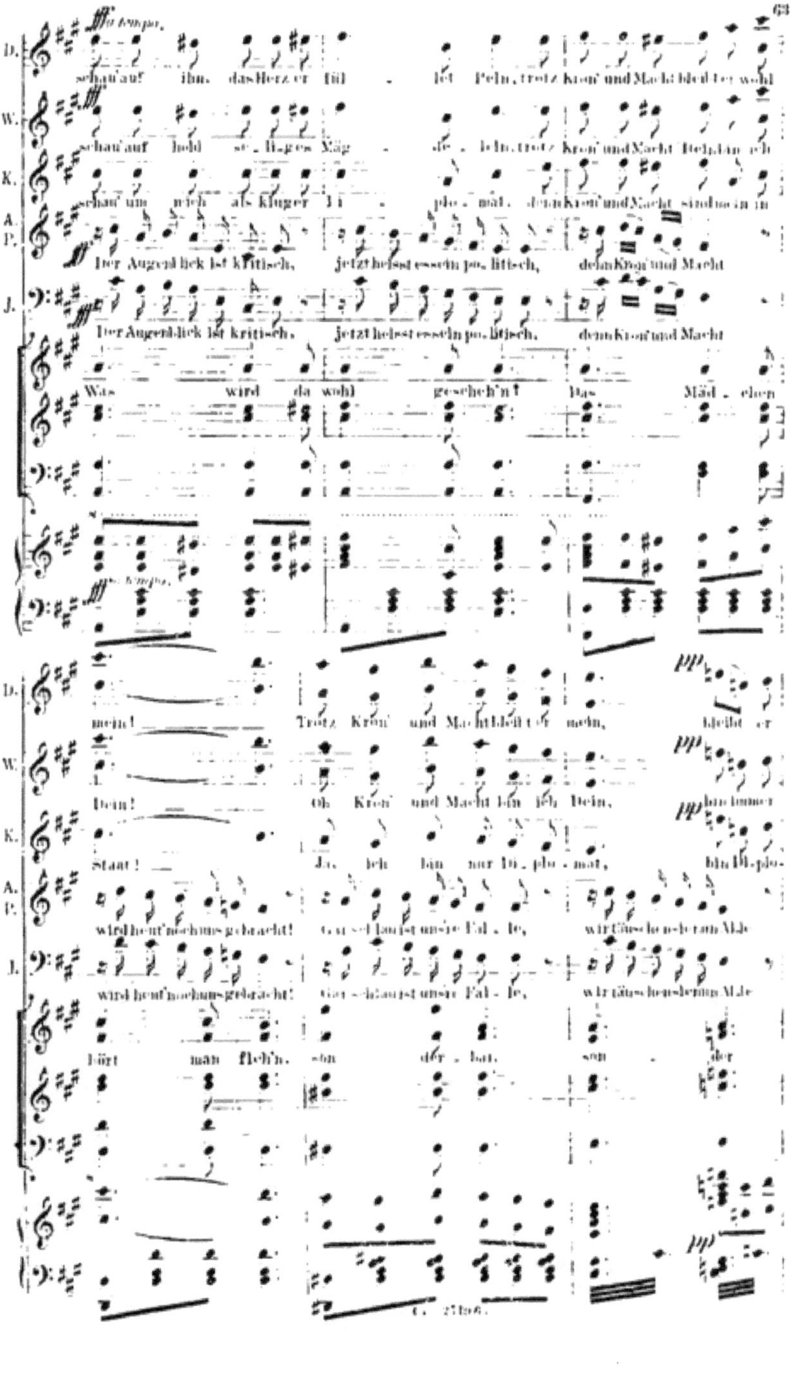

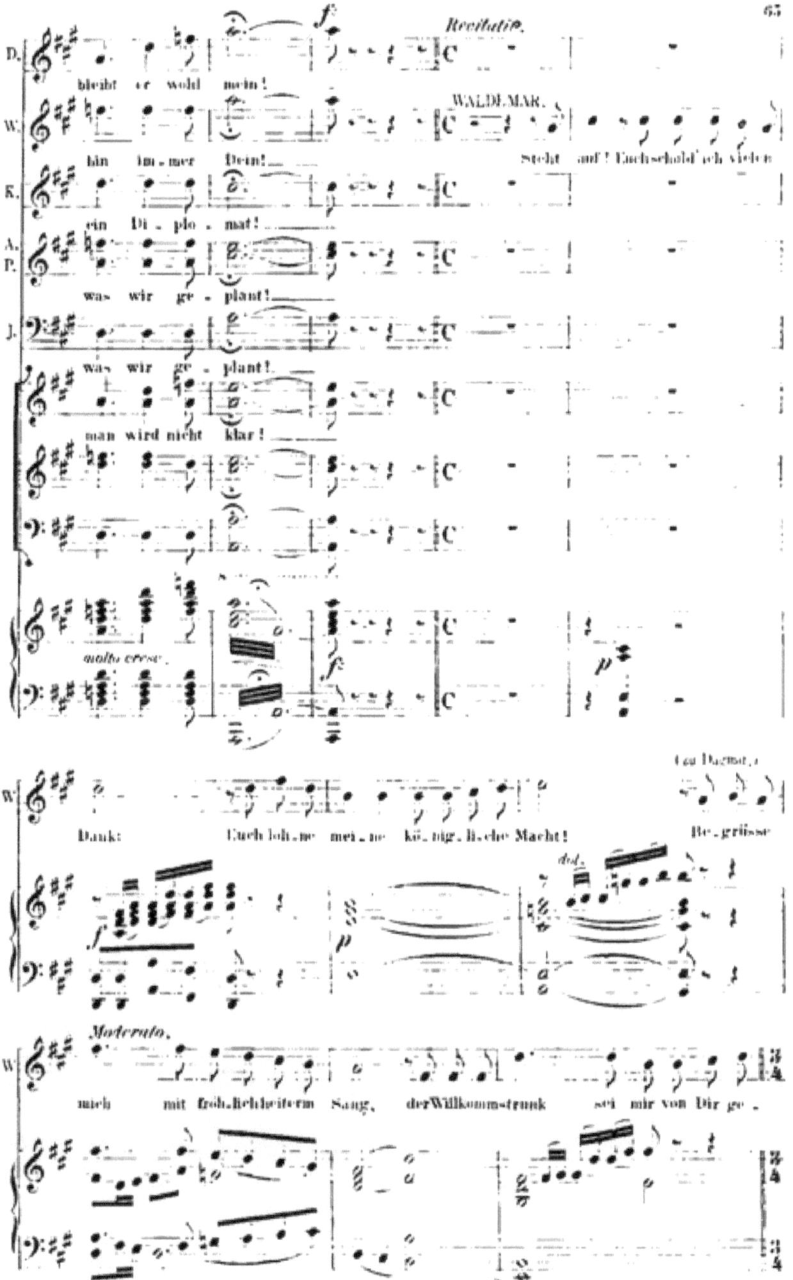

Recitativo.

D. bleibt er wohl mein!

W. hin immer Dein! WALDEMAR. Steht auf! Euch schuld' ich vielen

K. ein Di-plo-mat!

A. P. was wir ge-plant!

J. was wir ge-plant!

man wird nicht klar!

molto cresc.

W. Dank! Euch lohne mei-ne kö-nig-li-che Macht! Be-grüsse

Moderato.

W. mich mit froh-bel-geisterm Sang, der Willkomm-strunk sei mir von Dir ge-

Ped.

D Ach, Skan - di - na - vier, Dä - nen, tan - zet und stimmt mit mir nun an.

C Ach, Skan - di - na - vier, Dä - nen, tan - zet und stimmt mit mir nun an.

H Ach, Skan - di - na - vier, Dä - nen, tan - zet und stimmt mit mir nun an.

O Ach, Skan - di - na - vier, Dä - nen, tan - zet und stimmt mit mir nun an.

R. Ach, Skan - di - na - vier, Dä - nen, tan - zet und stimmt mit mir nun an.

Bei vollem Horn den Ju - belschrei: Skol Kongen Christian Skol Kongen Chri - sti -

an! Jeder Tropfen, der im Becher blinkt, sei zum Wohl sein

Herr und der Becher fass der Tropfen viel, so viel fas - sen konnt' das

ALLE SOLI mit CHOR.

WALDEMAR.

Folgt Alle mir! Seid mei-ne Gä-ste! Auf, zu Hof! Zum fro-hen

Marschtempo.

Fe-ste!

ALLE SOLI mit CHOR.

Der Kö-nig zieht _ nun wie-der ein, _ vor-bei sind Sor - ge Noth und

Der Kö-nig zieht _ nun wie-der ein, _ vor-bei sind Sor - ge Noth und

Der Kö-nig zieht _ nun wie-der ein, _ vor-bei sind Sor - ge Noth und

Pein! Die Dä - nen sind hoch be-glückt ach, des Königs

Pein! Die Dä - nen sind hoch be-glückt ach, des Königs

Pein! Die Dä - nen sind hoch be-glückt ach, des Königs

73

II. ACT.
Zwischenact.

PIANO.

C. 27196.

Nº 7 ¾ Melodram.

Nº 8. Ständchen.

Recitativ.

KVIDSEN.

Da drin - nen sitzt die al - te Kö - nigin, die

PIANO.

ganz ge-fangen hat mein Herz und Sinn; ich will zum E-bestand mit mir sie bringen und

dess - halb ein Lie - bes - lied - chen sin - gen!

Wohl - an, die Lei - er ist ge - stimmt, nun

tö - ne Lied der Min - ne, da ganz ihr Herz ge - fan - gen nimmt und mein Te -

nor be-stri-cke ih-re Sin-ne! Liedlein klin-ge, Liedlein sin-ge

Liedl. Liedl. Liedl. Lie-de-lein! Liedlein drin-ge, Liedlein schlin-ge

dich in's Herz der Lieb-sten ein! Klag' der Lieb-sten mei-nen

Jam-mer, Sag: dass ich oft in der Kam-mer seufz' und stöhn' und

aechz' und heul', denn es drang, da steg der Lie-bes-pfeil!

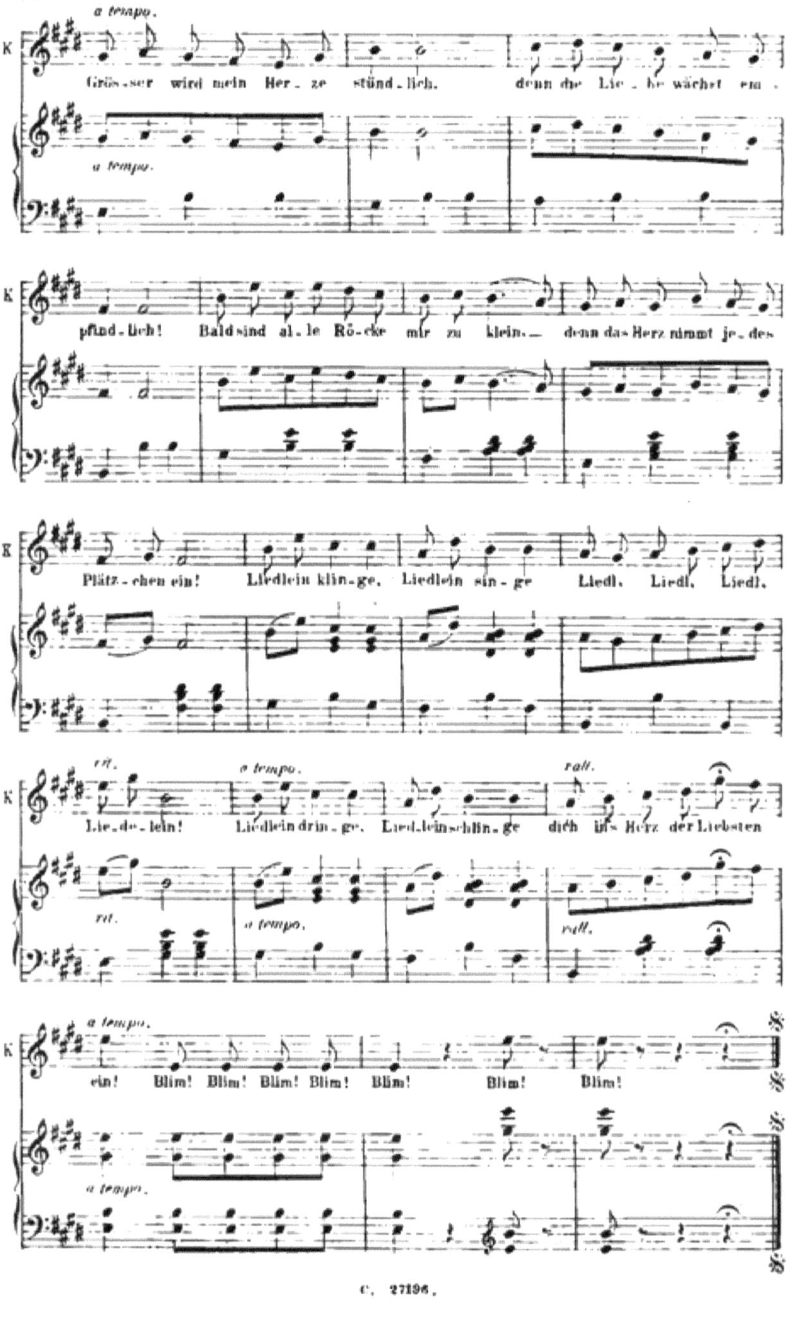
a tempo.
K
Grös-ser wird mein Her-ze stünd-lich, denn die Lie-be wächst em-
a tempo.
K
pfind-lich! Bald sind al-le Rö-cke mir zu klein, denn das Herz nimmt je-des
K
Plätz-chen ein! Liedlein klin-ge, Liedlein sin-ge Liedl, Liedl, Liedl,
rit. a tempo. rall.
K
Lie-de-lein! Liedlein drin-ge, Lied-lein schlin-ge dich ins Herz der Liebsten
rit. a tempo. rall.
a tempo.
K
ein! Blim! Blim! Blim! Blim! Blim! Blim! Blim!
a tempo.

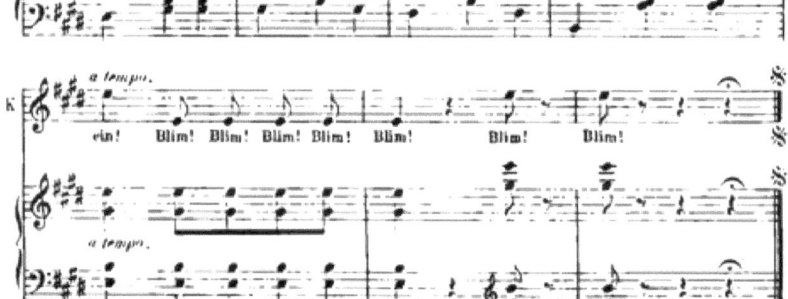

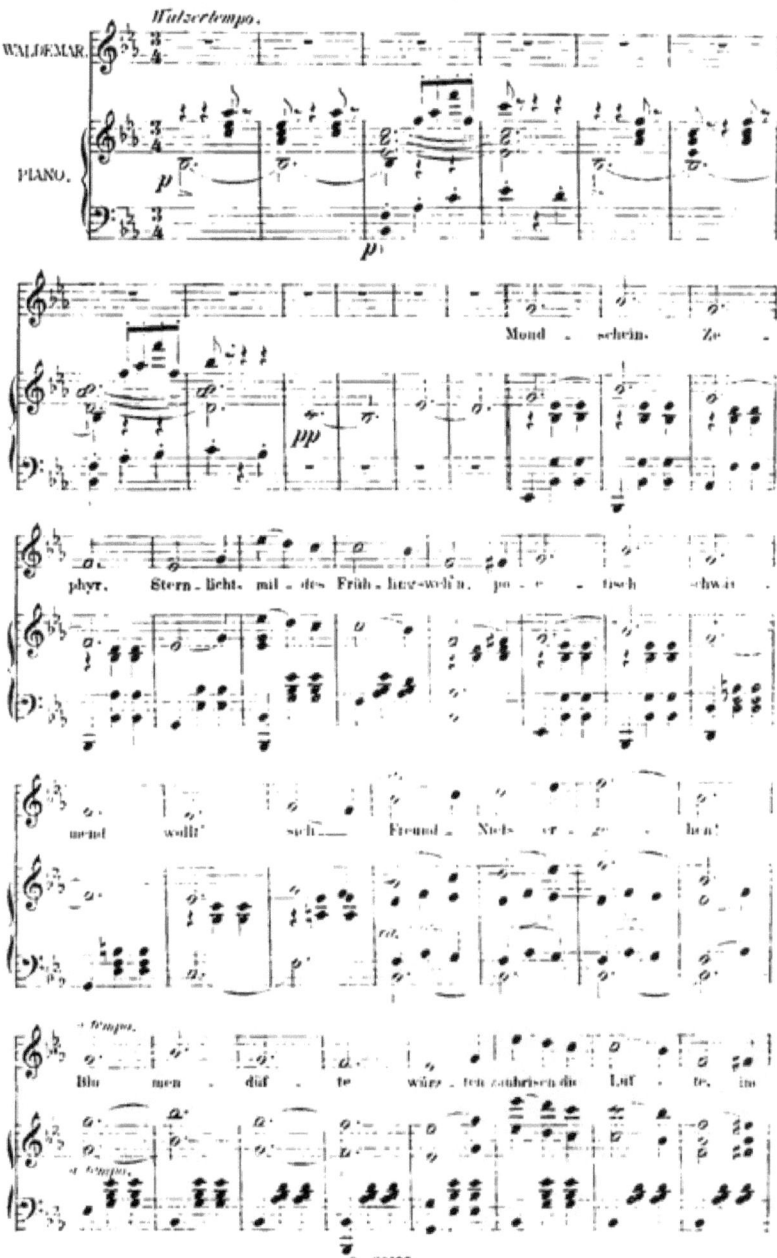

Nº 9. Walzer.

Her - zen Sehn-suchts-drang, ihm war_ ach, so bang._ S'hat sein

Weib - chen, sonst ein Täub - chen, ihn grad' heu - te sehr ge-kränkt; sein Ver-

spre - chen, sich zu rä - chen, o das blieb ihr nicht ge - schenkt. Und jetzt

e - ben, ach mit Be - ben sah ein Wei - ber-röck - chen er_ rasch ent -

schlos - sen, un - ver - dros - sen schlich im Finstern er hinter ihm her._ So viel er er_blick_te im Mon_denschein, der Wuchs war nicht ü_bel, sie schien hübsch zu sein, er

poco rit.

eil_te zu ihr, dort sank er auf die Knie_ und seufzt: Ich lie_be Sie!_ Die

a tempo.

Früh_lings_nacht macht die Herzen so weich, die Da_me nicht sprö_de, ver_stand ihn so

molto rit.

gleich; mit zar_tem Um_armen be_gann der Ro_man, wie schad, gen am nicht schr er so

a tempo.

kann! *poco accel.*

a tempo. *ppp*

a tempo.

Mond - schein, Ze - phyr schwan-den mit der Ster - ne Zahl und

hell be - leuch - tend fiel auf sie der er - ste Son - nen -

strahl. — Welch' ein Schre - cken, was er nun muss ent -

de - cken, er hielt dass Gott er - barm, die Schwieger-ma - ma im

Arm. —

Nº 10. Duettino.

KVIDSEN.

A.
hin - ter! A - ha! Na gut, so reden wir, von al - len die - sen Din - gen mir

A.
Ach, ein Mann so

K.
rit.
scheint die Jungfrau will mich hier zum E - hestan - de zwin - gen! — Ein ga - lan - tes

pp rit.

Walzer Tempo.

A.
lieb und theuer winkt mir hier, winkt mir hier; end - lich lacht die Hochzeit heu - er

K.
A - ben - teu - er winkt mir hier, winkt mir hier; zwar scheint es nicht recht ge - heu - er

pp

A.
auch nun mir, auch nun mir! Ja, ich nehm' ihn ohne Za - gen, man kann's wagen kühn und keck!

K.
mir mit ihr, mir mit ihr! Aber trotzdem ohne Za - gen will ich's wagen kühn und keck!

rit.   *a tempo.*

A.
Ach, ein Mann so lieb und theu - er winkt mir hier.

K.
Ein ga - lan-tes A-ben teu - er winkt mir hier.

pp rit.   *a tempo.*

A.
winkt mir hier; end - lich lacht die Hochzeit heu - er auch nun mir, auch nun mir!

K.
winkt mir hier; zwar scheint es nicht recht ge-heu - er mir mit ihr, nur mit ihr!

A.
Ja, ich nehm' ihn ohne Zagen man kann's wagen kühn und keck! 's ist mein Zweck, dass

K.
A - ber trotzdem ohne Zagen will ich's wagen kühn und keck! 's ist me in Zweck, dass

A.
dieser hier auch als Braut zum Al - tar führt! Ach, ein Mann so

K.
ich mich hier oh - ne Hei - rath a mu - sir'! Ein ga - lan-tes

pp rit.

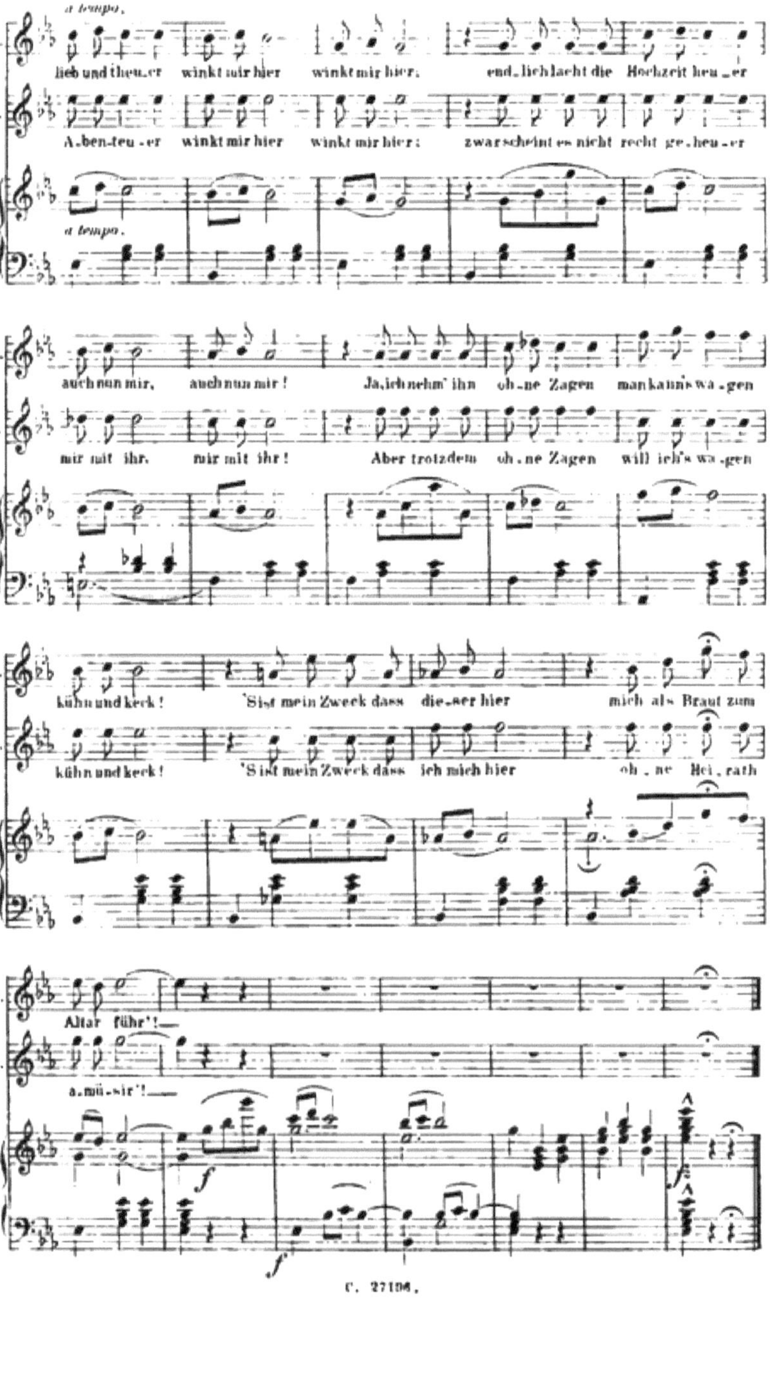
a tempo.
A.
lieb und theu_er winkt mir hier winkt mir hier; end_lich lacht die Hochzeit heu_er
K.
A_ben-teu_er winkt mir hier winkt mir hier; zwar scheint es nicht recht ge_heu_er
a tempo.
A.
auch nun mir, auch nun mir! Ja, ich nehm' ihn oh_ne Zagen man kann's wa_gen
K.
mir mit ihr, mir mit ihr! Aber trotzdem oh_ne Zagen will ich's wa_gen
A.
kühn und keck! 'S ist mein Zweck dass die_ser hier mich als Braut zum
K.
kühn und keck! 'S ist mein Zweck dass ich mich hier oh_ne Hei_rath
A.
Altar führ'!
K.
a_mü_sir'!

DAGMAR.

liebe, und wirk.lich wär.— was nur gespielt! Mein Wal.de.mar!

Un poco con moto.

pp In heisser Lieb' Ent.zücken

Ge.lieb.te Du!   *pp* In heisser Lieb' Ent.zücken

uns innig zu be.glücken.   in aller E.wig.keit.   in Freuden und in Leid!

uns innig zu be.glücken.   in aller E.wig.keit.   in Freuden und in Leid!

So Herz an Herz zu drücken,   so Herz an Herz zu drücken.   o süssestes Be.rücken.

So Herz an Herz zu drücken.   so Herz an Herz zu drücken.   o süssestes Be.rücken.

№ 12. Polka-Ariette.

zog sich Christians Schlafrock an und spiel_te ganz den E_bemann, weil Christian, das ist klar nicht zu Hau_se war! Dän_lin_de, die ist dieses Land, der König hat sich weg_gewandt, Ihr drei habt mich her_ge_führt, habt Euch selbst da_bei du_pirt, bin Wal_demar der nun re_giert!

Nº 13. Terzett.

№ 14. Ballade mit Brummchor.

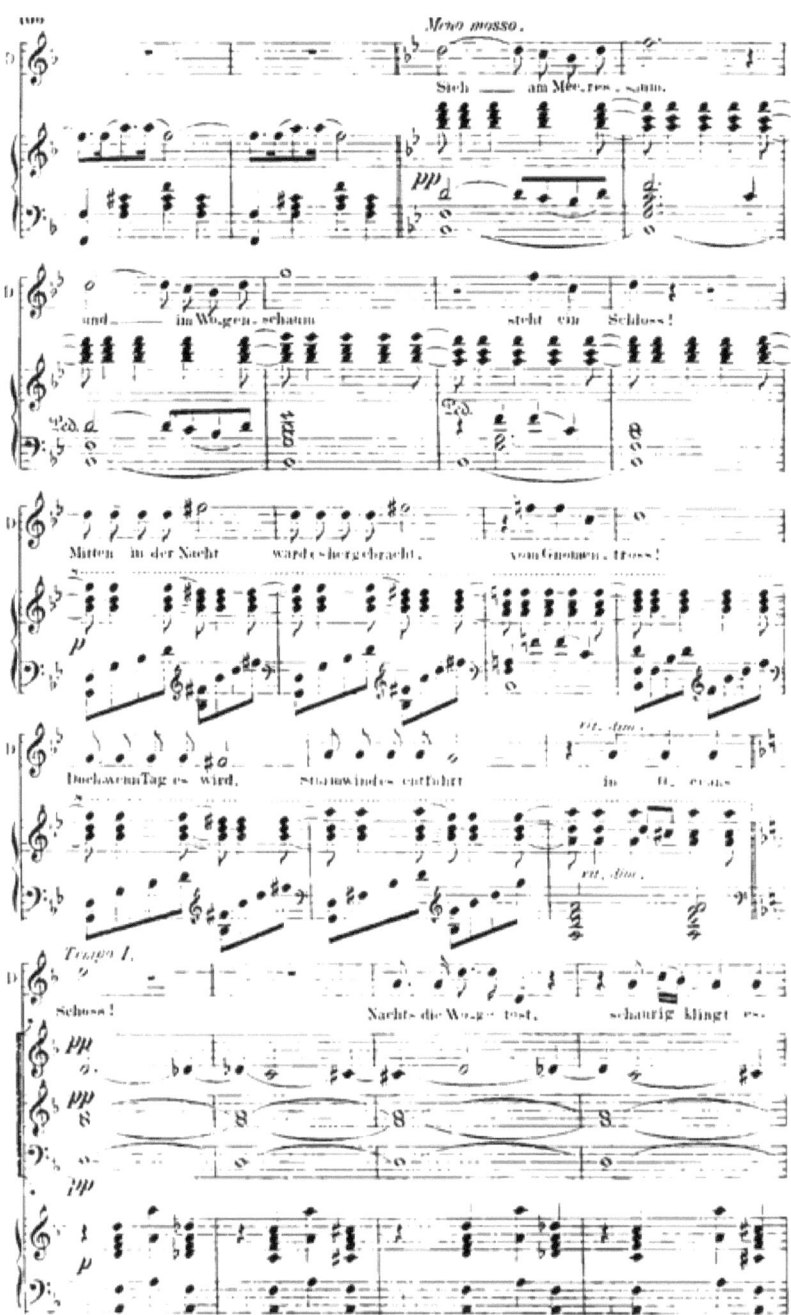

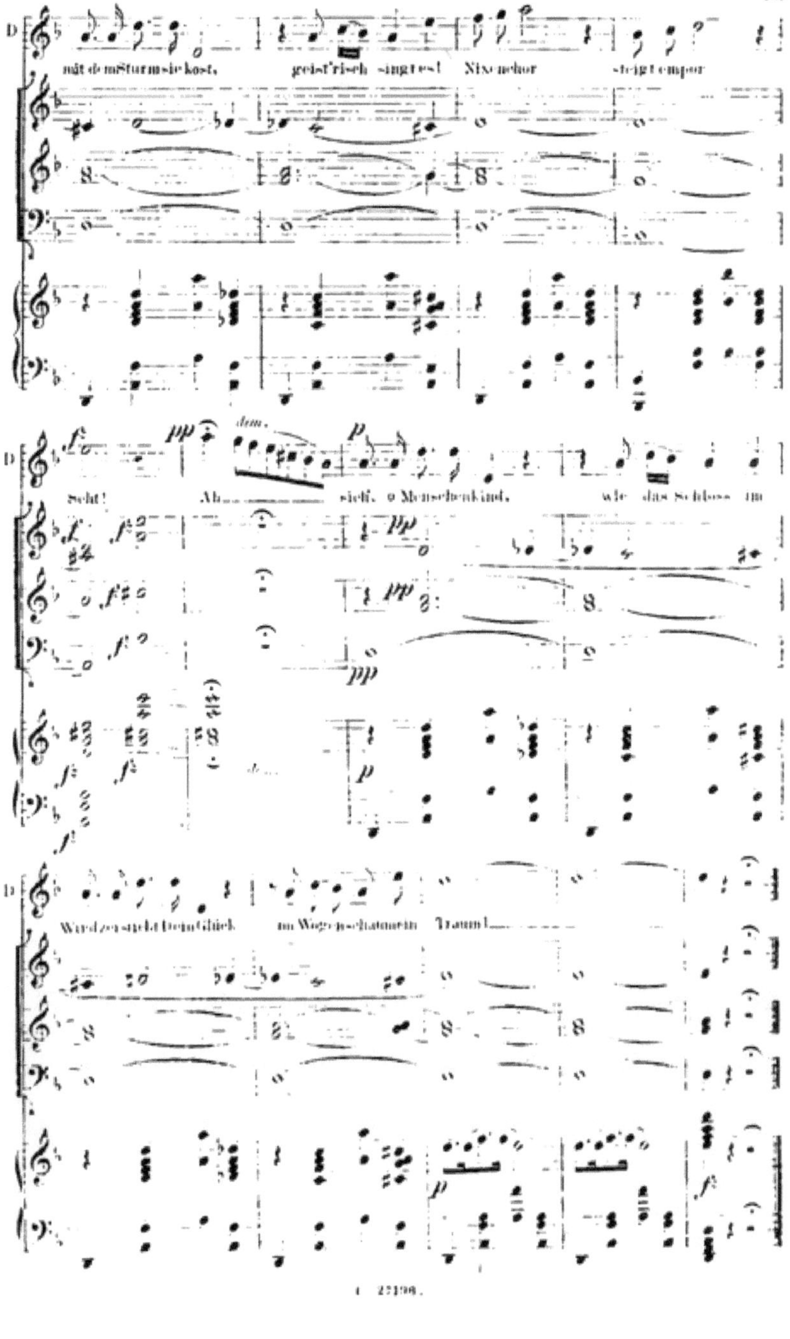
mit dem Sturm sie kost, geist'risch singt es! Nixenchor steigt empor
dim.
Seht! Ah___ sieh, o Menschenkind, wie das Schloss im
Wird zerstückt dein Glück im Wogenschaum ein Traum!

No 14½ Turnier. Ballet.

Finale allegro.

No 15. Finale.

Geert. Gott weiss für was... mir Prü-gel beschwert im U-ebermass!

GEERT.
Hast Du's ge-

spürt. Du feiger Wicht! Ja schmälin läst Rit-ter Geert sich nicht! So sprechet doch klar, macht

WALDEMAR.
col parte

mir be-kannt, wa-rum der Streit so heiss ent-brannt? Er hat die

GEERT.

Braut, die ich er-wählt, com-pro-mit-tirt vor al-ler Welt! Hielt sie im

Arm, hat sie ge-küsst, nun im Du-el-le er es bit-ter büsst!

WALDEMAR.
Das macht mir

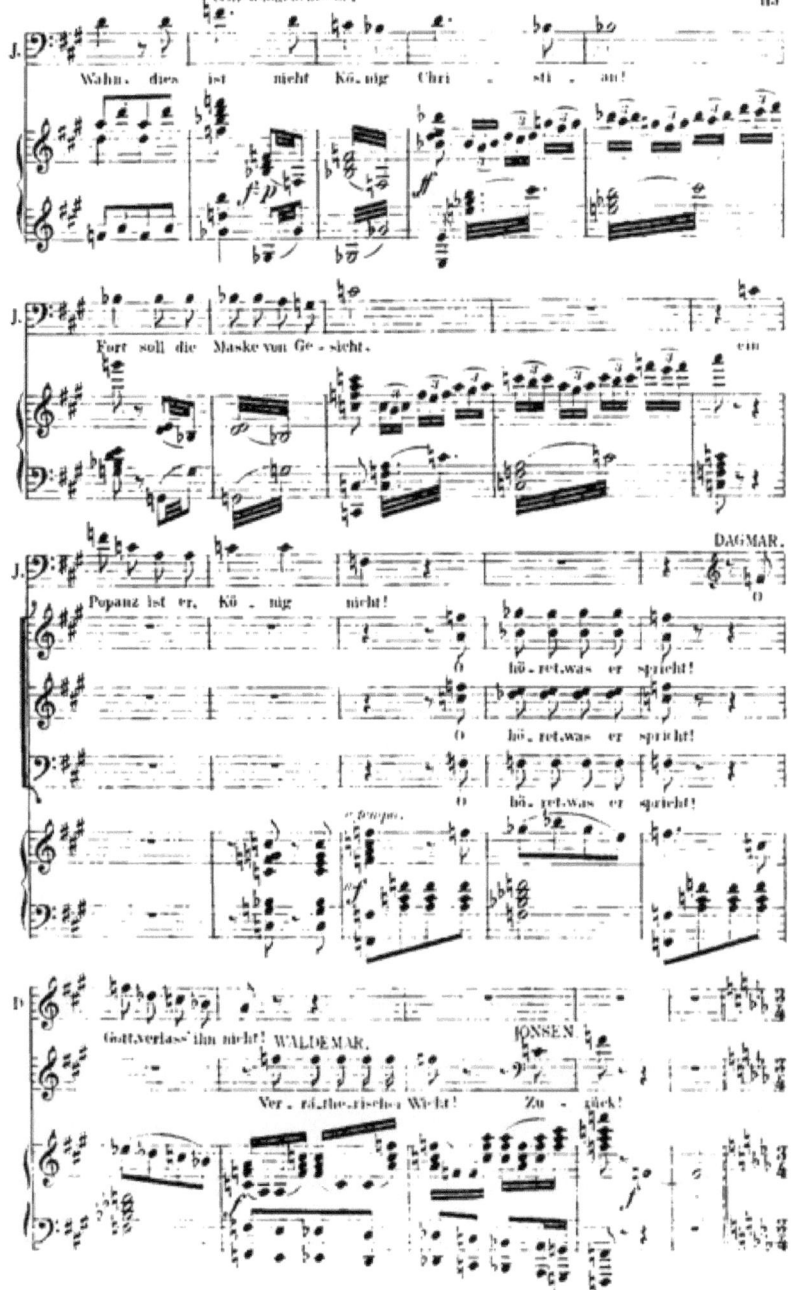

116

nicht, dass er nicht sei der Kö-nig er hat ja sein Ge-sicht! Wohl-

an! Da steht die Mut-ter, sie ken-net stets ihr Kind! Sie

blick' ihm tief in's Ant-litz, ob's des-sen Zü-ge sind!

molto dimin.

(Violn Solo.)

ad libit.

Andantino con espressione.

Was wird sie sa-gen? Ist er ihr Kind? Wird es sich klä-ren?

Was wird sie sa-gen? Ist er ihr Kind? Wird es sich klä-ren?

Was wird sie sa-gen? Ist er ihr Kind? Wird es sich klä-ren?

Ende des II. Actes.

III. ACT.

№ 16. Chor und Tanz.

schrumm! Leeret die Humpen und küsset die Maid, he-bet die Füs-se und
schrumm! Leeret die Humpen und küsset die Maid, he-bet die Füs-se und
schrumm! Leeret die Humpen und küsset die Maid, he-bet die Füs-se und

he-bet das Kleid! So trin-ket und sin-get und ko-set und küsst, und freut Euch, dass
hebet das Kleid! So trin-ket und singet und ko-set und küsst, und freut Euch, dass
hebet das Kleid! So trin-ket und singet und ko-set und küsst, und freut Euch, dass

Christian da-heim wieder ist, und freut Euch, dass Christian da-heim wieder ist!
Christian da-heim wieder ist, und freut Euch, dass Christian da-heim wieder ist!
Christian da-heim wieder ist, und freut Euch, dass Christian da-heim wieder ist!

Nᵒ 16 ½. Abgangsmusik.

Nᵒ 17. Ballade mit Chor.

Nº 18. Duettino.

Più animato.

A-ber will der Mann es wa-gen-schwups hat, ihn die Frau beim Kragen. Sagt: Was unter-

stehst Du dich? Na das ist doch kö-nig-lich! Kö - nig - lich

Launen-Grillen-Schrullen, Mucken muss der Kö-nig Mann verschlucken.

ja, der Mann ist leider ach! Kö-nig nur den Namen nach! Ach, die Wei-ber zu re-

gie - ren, ü - ber sie zu do-mi - ni - ren, lie-bes Kind, das ist ein Wahn denn

Allegretto grazioso.

DAGMAR.

Ja, ich weiss vom Hören sagen

wie die Frauen sich be - tragen. wie sie es verstehn so fein. ihrer Männer Herrn zu

sein! O. an die - ser Frau'n Ma - nie - ren ach, da könnt' ich pro - fi - ti - ren

könn - te machen, dass mein Mann. dass Du wirst mein Un - ter - than!

Più mosso.

O, man giebt es ziemlich theuer, thut nicht nach der alten Lei - er. Zärtlichkeit ist nicht von Nöthen

Nº 20. Schlussgesang.

Ende der Operette.